DIY

Reparación de Crédito

Guía del principiante para la reparación del crédito

Método probado para mejorar el crédito con consejos y ayudar en el entendimiento de los reportes de crédito, cociente de la utilización del crédito y puntajes de crédito

Kendyl Jameson

The End
Result

ISBN 978-0-9992498-1-9

Traducción del inglés español proporcionada por Frimi Alalu y Francy Nino.

Arte de portada por Kendyl Jameson.

Se reconoce que todas las marcas registradas pertenecen a sus respectivas compañías.

Visite la página web de la autora en kendyljameson.com.

Impreso en USA

Publisher's Cataloging-in-Publication Data

Names: Jameson, Kendyl, author. | Alalu, Frimi, translator. | Nino, Francy, translator.
Title: DIY reparación de crédito : guía del princpiante para la reparación del crédito / written by Kendyl Jameson; translated by Frimi Alalu, Francy Nino.
Description: Delray Beach, FL: The End Result, 2018. Translation of DIY credit repair.
Identifiers: ISBN 978-0-9992498-1-9
Subjects: LCSH Consumer credit--United States--Handbooks, manuals, etc. | Finance, Personal--United States--Handbooks, manuals, etc. | Credit ratings--United States. | Credit bureaus--United States. | Consumer protection--Law and legislation--United States. | BISAC BUSINESS & ECONOMICS / Personal Finance / Money Management
Classification: LCC HG3756.U54 .J36318 2018 | DDC 332.7/43--dc23

CONTENIDO

Introducción

Para cualquier persona y todo aquel que lidie con crédito mediocre o que desee simplemente mejorar su crédito, este libro de la reparación del crédito sacará a la luz el misterio de los números.

Fácil de leer y entender, lo guía a través del proceso de reparar su crédito para reparar su puntaje de crédito mientras que simultáneamente reconstruye el valor de su crédito. La información proporcionada puede ser utilizada en el orden que satisfaga sus necesidades, sin embargo está categorizada para una aplicación fácil.

La guía de principiante para la reparación del crédito ha sido escrita basada en mis experiencias. Hubo un tiempo cuando mi situación financiera estaba tan desalentadora, todos me decían que fuera en bancarrota y continuar con mi vida.

Pero esa solución no me satisfacía. Era una salida fácil, y como toda solución temporal, era seguro que vendría con un precio que no deseaba pagar.

Compré mi primera casa y tres meses después, fui despedida permanentemente. Aunque no había sido financieramente irresponsable, rápidamente me encontré en el medio de un predicamento, como muchos otros individuos no conscientes de su situación.

Incapaz de encontrar un empleo viable debido a la recesión económica, caí rezagada.

Resuelta a no destruir totalmente mi crédito, elegí reparar mi crédito en lugar de ir en quiebra. Sabiendo que tomaría tiempo hacerlo sola, creí que reparando mi crédito yo sola, sería mejor que la pena obligatoria que recibiría de una bancarrota.

No sólo no me arrepiento de mi decisión, sino que reparé con éxito mi crédito yo sola y aprendí cómo utilizarlo y cuando.

Toda la experiencia fue una recompensa y ha probado ser útil repetidamente. El conocimiento ganado ha soportado la prueba del tiempo así como disturbios y recesiones económicos.

Numerosos individuos han demostrado interés en lo que he aprendido y aplicado. Es para gente que es semejante a quienes los he escrito con la esperanza que ayudará a otros a encontrar un camino para la estabilización financiera. Por supuesto a medida que los tiempos cambian, hay nuevas herramientas y recursos que llegan a estar disponibles, y esta es solamente una guía de principiantes para la reparación del crédito.

El crédito es un tema extenso y variado. Es imposible cubrirlo todo en un pequeño libro y la situación de crédito de cada quien es diferente. Por consiguiente, por favor este preparado para investigar en profundidad las dudas que le queden de los temas cubiertos.

El propósito de este libro es ayudarle a empezar con el pie derecho a ir en la dirección correcta. He incluído aquí todo lo que utilize para reparar completamente mi crédito.

Si usted elige personalmente restaurar su crédito, el proceso siguiente también le proporcionará la base de cómo mantener un crédito deseable para los acreedores.

Aunque no hay garantías de progreso or período de tiempo, si usted está dispuesto a invertir en su estabilidad financiera futura, esta experiencia será digna de su esfuerzo.

¡Con el esmero, la paciencia y la determinación, usted puede llevar su puntaje de crédito al cielo!

Capítulo 1

Dónde empezar

La mejor manera de empezar esta tarea es dividirla en partes para que no sea muy abrumador.

Una vez que las diversas partes están en su lugar, será más fácil de ver con lo qué está usted trabajando, y tener un plan de acción. El proceso se divide en tres pasos principales con ejemplos y explicaciones para mantenerlo simple.

Paso Uno

✓ *Pida su reporte de crédito.*

Paso Dos

✓ *Reconozca los costos y cree un presupuesto.*

Paso Tres

✓ *Repase el crédito, entienda el reporte de crédito y empiece.*
(vea el capítulo siguiente)

Para eliminar cierta frustración, sugiero que usted ojee primero el libro, antes de tomar acción. Los temas se superpondrán y diversas opciones están consideradas. Antes de proceder con cualesquiera de ellas, será importante que sepa, cuales son las más adecuadas para su situación.

Este es un libro de lectura rápido, que le explicará lo que va a necesitar antes de sumirse en él. Dicho esto, empecemos el proyecto.

P_{aso} U_{no}

Para saber lo que usted tiene que hacer para reparar su crédito, usted debe primero descubrir qué ven los acreedores cuando miran su historia de pago revelada en su reporte de crédito. Este es un factor dominante usado para determinar si le van a prestar dinero y si es así por cuánto tiempo y con qué tipo de interés.

Si usted no la ha hecho ya, ahora es el momento de pedir su reporte de crédito. Usted puede pedir su reporte anual de crédito gratis (archivo del crédito) de algunas de las tres oficinas de crédito (Equifax®, Experian®, TransUnion®) una vez al año.

Personalmente, a mí me gusta pedir los míos en distintas épocas del año. Me permite darle una ojeada más de una vez al año, ordenando de una diferente cada cuatro meses.

Sin importar la manera en que lo haga, al leer este libro, puede empezar con annualcreditreport.com y pedirlo en línea para el acceso inmediato, vía el teléfono (dé un plazo de hasta dos semanas para la entrega) o en escrito.

Si elige el último, por favor visite la dirección de Web y siga las instrucciones proporcionadas.

Una vez que usted tenga su reporte de crédito actual a su disposición, después usted podrá diseñar su estrategia.

2

Paso Dos

Mientras tanto, figure sus cuentas mensuales y anuales actuales. Usted puede hacer una lista simple o crear una hoja de balance, dependiendo de su método preferido de organización, *(véase el ejemplo (a) en la página siguiente).*

Además de registrar los costos, usted también necesitará incluir su renta mensual (después de impuestos), para ver con lo que usted tiene con qué trabajar.

Sea honesto, y si acaso, sobreestime lo que debe en las tarjetas de crédito y otras cuentas de gasto para tener un mejor cuadro. El ejemplo próximo es bastante conservador y como puede ver, los gastos se suman rápido.

Sin embargo no se sienta abrumado y preocupado de los números y como o no se alinean para mantenerlo en negro. Eso vendrá con el tiempo.

La meta ahora es simplemente tenerlo todo en frente de usted para ver la realidad de todo lo que está disponible a su alcance y de lo que es necesario.

Ejemplo (a): de Tabla Hipotética del Costo y de la Renta

Gastos	Cantidad mensual	Cantidad anual	Total anual
Hipoteca/renta	$500		$6,000
Seguro de casa		$1,000	$1,000
Impuestos prediales		$500	$500
Préstamo de automóvil	$300		$3,600
Seguro de automóvil	$200		$2,400
Seguro de salud	$200		$2,400
Mercado	$400		$4,800
Electricidad	$80		$960
Cable/Internet	$100		$1,200
Teléfono	$80		$960
Tarjeta de crédito	$400		$4,800
Tarjeta de tienda	$150		$1,800
Gasolina	$150		$1,800
Entretenimiento	$350		$4,200
Otros	$200		$2,400
Total mensual	-$3,110	**Total anual**	-$38,820
Ingresos (después de impuestos)	**$3,000**		**$36,000**
Diferencia	-$110		-$2,820

Para este ejemplo, la suposición sería que ciertos costos podrían ser pagados con una tarjeta de débito o en efectivo. Si no, entonces ésos serían distribuidos en factores en cada tarjeta de crédito respectiva, aunque usted puede ser que elija clasificarlos para que sea más fácil visualmente detallar su presupuesto.

También observe que si usted está utilizando solamente la mínima cantidad de lo que debe, usted necesita incluir una columna para la deuda total que debe a esa tarjeta de crédito para mantener una realidad visual de la cantidad total debida. Los mínimos pueden ser confusos para el momento en que las cargas de interés se agreguen al total, como es explicado en el capítulo 4

Capítulo 2

ENTENDIENDO LOS REPORTES DE CRÉDITO

¿Son justos?

Aunque parezca justo o no, a menos que un cliente tenga historia personal con una potencial entidad de crédito, ellos siempre empiezan con la cuenta actual del crédito y una revisión cuidadosa del informe de crédito, cuando consideran extender el crédito al cliente.

Esto es importante tenerlo presente, si usted está trabajando para restaurar su crédito o está planeando pedir un préstamo de cualquier cantidad.

¿Qué estrategia usar para pedir prestado dinero?

La mejor estrategia para pedir un préstamo es saber de antemano qué esperar que las entidades de crédito vayan a encontrar y si hay posibles obstáculo que usted vaya a necesitar superar. Esta información puede ayudarle a preparar su crédito para un tener un resultado más positivo donde hay oportunidades.

Si usted comienza el proceso por los menos tres meses antes de que vaya a solicitar cualquier crédito, usted puede encarar retrasos potenciales antes de solicitar el préstamo o línea de crédito. El mínimo de tres meses se sugiere porque la mayoría de la información divulgada sobre su archivo de crédito son de noventa días retrasadas y si usted desea llevar a cabo mejoras que sean consideradas, usted necesita tener en cuenta ese retraso en la publicación.

Si usted se da cuenta que va a necesitar más tiempo, será necesario hacer las correcciones apropiadas del crédito y puede permitirse esperar, retrase la aplicación del nuevo préstamo o línea de crédito hasta que sea el momento correcto.

Esta previsión y preparación podrían sentar las bases para una trayectoria de menos resistencia cuando usted pueda finalmente completar su aplicación.

Si usted no está familiarizado con los reportes o informes de crédito y de cómo leerlos, ahora es el momento de modificar esa tendencia. Sus huellas financieras que crean la historia de sus pagos, se registran en su reporte de crédito y hablan volúmenes sobre su nivel de responsabilidad financiera.

Esta información funciona para usted ocasionalmente y contra usted en otras circunstancias. Según lo explicado previamente, aunque no he sido financieramente irresponsable, hubo una época en mi reporte de crédito que sugería lo contrario.

Obteniendo y entendiendo esta información de mi reporte de crédito, fueron decisivas para poder comprender la importancias de reparar y de mantener buen crédito.

3

Paso Tres

Con su reporte de crédito a su disposición, repase que toda la información sea correcta, incluyendo su nombre, dirección y número de Seguriad Social.

Cerciórese de que cualquiera y todas las direcciones detalladas, actuales y pasadas son lugares donde usted vivió. Confirme que el empleo que tuvo es acertado. Además note cualquier información negativa que se haya divulgado.

Dependiendo de lo que es, pueden haber limitaciones de tiempo en cuanto a cuánto tiempo la información puede permanecer en su reporte.

Generalmente hablando, si la información negativa es correcta, anticipe verla en su archivo por lo menos por siete años, esto incluye pagos tardíos.

Aquí hay algunos puntos posibles negativos que son comunes que hay que mirar y a menos que el estatuto que gobierna las limitaciones es leído de otra manera, sus lapsos de tiempo generalmente permitidos (confirme siempre los específicos para su situación, incluyendo préstamos de estudiantes) son:

» Archivo de bancarrota, 10 años de la fecha en que se ha presentado
» Capítulo 13 Bancarrota: 7 años de la fecha en que se ha presentado
» Demanda civil, dictamen civil, actas de arrestos, 7 años
» Recobros de cuentas no pagadas, 7 años*
» Ejecución hipotecaria, 7 años
» Liquidación de gravamen, 7 años desde la fecha pagada
» Gravamen no pagado, indefinido (debe ser pagado)

*Para estos estos tipos específicos de cuentas, observe que el período de siete años comienzan seis meses desde el momento en que usted estuvo tarde o dejó de hacer sus pagos.

Repase todas las cuentas. Cerciórese de que sean realmente las suyas y esté al tanto de actividades sospechosas que podrían indicar fraude o robo de identidad.

Cualquier discrepancia debe ser reportada a la agencia de crédito que publicó el reporte así como al acreedor que proporcionó la información. Esto debe estar en la escritura y completado según las instrucciones dadas en el reporte de crédito de cómo disputar los problemas.

Si las cuentas son suyas, entonces confirme que sus balances y estados son exactos. Observe que las cuentas pueden ser tanto de noventa días después de ser reportados los pagos y tómelo en consideración el revisar los balances. Confirme que los pagos se estén haciendo correctamente, incluyendo las cantidades y la fecha en que se hayan pagados.

Tome nota de cuáles cuentas reportar y cuáles no. Esto puede ser provechoso cuando planee su estrategia. Revise cada cuenta y entienda cualquier código o descripción y de cómo son aplicados (véase el ejemplo (b) en la página siguiente).

Ejemplo(b): Ejemplos de Archivos de Crédito y Descripciones de la Cuenta

Título de la columna de las descripciones de la cuenta:	
Número de Cuenta -	El número de cuenta reportada por el garante
Fecha en que se abrió la cuenta -	Fecha en la que se abrió la cuenta
Crédito alto -	La máxima cantidad que se ha cargado
Límite de crédito -	La máxima cantidad permitida
Duración de los plazos -	El número de pagos
Frecuencia de los plazos -	El período de tiempo entre los pagos
Revisión de los meses -	El número de los meses revisados
Actividad determinada -	La actividad de la cuenta más reciente
Clase de acreedor -	El tipo de compañía reportando la cuenta
Fecha reportada -	Ultima fecha del reporte
Balance del monto -	La cantidad total que se debe desde la última fecha que fue reportada
Estado -	Condición de la cuenta desde que se actualizó por el acreedor
Balance vencido -	La cantidad vencida desde la fecha reportada
Fecha del último pago -	La fecha del último pago
Cantidad de pago actual -	La cantidad actual del último pago
Cantidad programada -	La cantidad programada del último pago
Fecha de la 1era morosidad -	La fecha de la 1era morosidad
Fecha de la última actividad -	La fecha de la última actividad
Fecha del reporte de la 1er grave morosidad -	Fecha del reporte de la 1era grave morosidad
Cantidad cobrada -	Cantidad cobrada por el acreedor
Fecha aplazada -	La fecha del 1er pago de préstamo aplazado
Pago final -	Cantidad del pago final
Fecha del pago final -	La fecha del pago final
Descripciones de los códigos del estado de la historia de la cuenta:		

1: 30-59 días vencidos	5: 150-179 días vencidos	J: Rendición voluntaria
2: 60-89 días vencidos	6: o más días vencidos	K: Embargo
3: 90-119 días vencidos	G: Recobro de impagados	L: Cargo quitado
4: 120-149 días vencidos	H: Reposeción	

RESUMEN:
Reporte de Crédito

Anote estas cosas al analizar su reporte de crédito:

» Pida el reporte de crédito gratis de cada institución de crédito una vez al año

» Repase toda la información y confirme que esté correcta

» Asegure que todas las cuentas que sean divulgadas sean las suyas, y que son divulgadas correctamente

» Preste atención a los errores o conflictos inmediatamente en escrito con el acreedor y la compañía de divulgación

Capítulo 3

Cuentas Reportadas

La actividad publicada de las cuentas divulgadas en su reporte de crédito es la entraña y la gloria que verifican su historia de pago.

Esta area requiere escrutinio cuidadoso.

Repase cada una de las cuentas y de sus estados. Según lo mencionado previamente, primero cerciórese de que son sus cuentas. Si no son, entonces siga las instrucciones de la institución de crédito dentro del reporte para declarar un conflicto o reportar una actividad fraudulenta.

Si hay cuentas abiertas que usted ha cerrado, entonces debe notificar a la institución de crédito por escrito. Esté seguro de proporcionar la información de la cuenta y la fecha en que fue cerrada.

Cualquier cuenta abierta que fuese supuesta a ser cerrada debe ser actualizada en su reporte. Usted tendrá que enviar la notificación por escrito al acreedor y solicitar que notifiquen a la oficina, y si usted hubiese solicitado cerrar la cuenta, solicite que esta información sea archivada en su reporte también.

Cuando *usted* ha elegido cerrar la cuenta, esté seguro indicar esto en una carta a ambos, el acreedor así como a la institución de crédito.

¿Por qué todo esto importa?

Eso es un gran pregunta. A muchos les parecería inaplicable. A los acreedores, les indica más que sus intereses y hábitos en cuanto a préstamo.

Primero: Referente a cuentas cerradas, si la cuenta fue cerrada por el consumidor, es la opción que ha tomado. Un ejemplo donde usted puede cerrar una cuenta de crédito podría ser una tarjeta de un almacén, abierta solamente por el descuento al comprar los muebles que usted ya los ha pagado.

Y sin embargo, si la cuenta fue cerrada por el acreedor, entonces hay la posibilidad de problemas con el acreedor. Las cuentas cerradas por los acreedores pueden indicar una señal de alarma las entidades de crédito potenciales.

Ciertas situaciones indicarían lo contrario, como una hipoteca o un préstamo de automóvil pagado. La historia del pago de la cuenta revelará la situación de las entidades de crédito potenciales y usted debe confirmar que la historia sea correcta.

Segundo: Cuando un acreedor considera prestar dinero, toma en cuenta varias cosas. Estas incluyen por lo menos: sus ingresos, cualquier pensión que reciba, cuánto dinero debe y en cuánto tiempo tiene programados sus préstamos para pagar, su índice de utilización de crédito y la cantidad de deuda potencial en la que puede incurrir inmediatamente.

Sumados en conjunto, esta información revela el nivel de riesgo de crédito que usted representa como cliente.

Ejemplo:

Usted tiene una hipoteca, línea de equidad de vivienda, una tarjeta de MJ CC-1, MJ CC-2, DS CC y una tarjeta de crédito de HS CC (*véase el ejemplo (c) al final del capítulo para el punto de vista de la tabla*).

Su hipoteca se considera deuda positiva mientras que usted está estableciendo equidad y su hogar es un activo. Todas las otras deudas negativas, lo que es el foco de este ejemplo en particular.

Su línea de equidad de vivienda es de $50,000, MJ CC-1 tiene una línea de crédito de $15,000, MJ CC-2 proporciona una línea de crédito de $10,000, DS CC de $5,000 y HS CC de $10,000.

Cuando una entidad de crédito mira esto y suma todas estas líneas de crédito, ellos ven una deuda potencial inmediata de $90,000 encima de la hipoteca existente. Porque estas cuentas están abiertas y son inmediatamente accesibles, usted tiene acceso a este dinero.

¡En todo momento usted podría ir de compras y gastar por encima del valor de $90,000 de la deuda negativa!

Por otro lado que se debe tomar en consideración, la entidad de crédito podría también considerar todo esto como parte de su cociente de la utilización de crédito, discutido más adelante con los puntajes de crédito en el capítulo 11.

Usando este ejemplo, ahora nos vamos a concentrar solamente *en el concepto de la dueda negativa y como bajarla.*

> **Esto es para un ejemplo solamente.**
> **Como cada situación es diferente, esta estrategia le va a concernir a usted solamente si le beneficia financieramente, le ayuda a mejorar su cuenta de crédito y cociente de utilización de crédito.**

Bueno, de nuevo al ejemplo.

¿Qué pasa si la tarjeta de crédito de HS CC no ha sido usada desde que usted acabó de remodelar su casa hace ocho años? ¿Y la tarjeta de MJ CC-2 la usa solamente en casos de emergencia, pero permanece con un balance de cero?

Si este es el caso, sería más beneficioso para usted cerrar una o dos de las cuentas, a menos que prueben ser provechosas para su cociente de utilización de crédito, lo cual es vital para su cuenta total de crédito.

Y si usted pensó que las había cerrado, ahora es el momento de cerciorarse con una petición por escrito y notificación a las oficinas de crédito.

¿**E**n cuanto a las tarjetas de crédito de MJ CC-1 y DS CC, usted realmente necesita líneas de crédito de $15,000 y 5,000? Si usted necesita reparar su crédito, entonces probablemente no.

Sin embargo, usted no deseará cerrar las dos, y la de DS CC puede probar ser útil para las compras de fiesta y los cupones que se ofrecen solamente a los que tienen su tarjeta de crédito.

En esta situación, considere contactar a los acreedores y solicite una reducción de la línea de crédito.

En realidad una línea de crédito de MJ CC-1 de $10,000 y una de DS CC de $1,000 le ayudarán a sobrevivir los días de fiesta y (esperanzadamente), será más crédito del que necesita regularmente.

Si usted solamente realizara estos cuatro cambios (cerrando las tarjetas de HS CC y MJ CC-2 y bajando las líneas de DS CC y MJ CC-1), su deuda disponible sería reducida de $29,000 hasta $61,000. ¡Aunque esto sigue siendo un número grande, ha reducido ya su potencial de la deuda considerablemente por 32.22%!

Observe que estos cambios podrían ser realizados solamente si su balance actual en la cuenta en duda reflejaban una cantidad menor de lo que está pidiendo en su nueva línea de crédito.

Si los balances son actualmente demasiado altos para bajar la línea (o tiene usted un balance y no las puede cerrar), entonces tenga esta estrategia presente para cuando sus balances provean la oportunidad para hacerlo.

Aunque usted no necesita tener precaución cuando cierre las cuentas, en general si usted no lo necesita y no es beneficioso para su cociente de utilización de crédito mientras que su meta es reparar su crédito, entonces deshágase de él.

Siempre considere todos los detalles pertinentes antes de cerrar cualquier cuenta.

Entre usted haga más cosas voluntariamente que demuestren responsabilidad financiera, más atractivo será para potenciales acreedores.

Ejemplo (c): Estado de Cuentas Hipotético*

Cuenta acreedora	Línea de crédito	Tipo de interés
DS CC	$5,000	25%
línea de equidad de vivienda	$50,000	8%
HS CC	$10,000	20%
MJ CC-1	$15,000	18%
MJ CC-2	$10,000	15%
Deuda potencial	$90,000	
Después de la estrategia sugerida		
DS CC	$1,000	25%
línea de equidad de vivienda	$50,000	8%
HS CC	*posiblemente cerrado*	n/a
MJ CC-1	$10,000	18%
MJ CC-2	*posiblemente cerrado*	n/a
Nueva deuda potencial	$61,000	

* Según este ejemplo, solamente se ajustan las líneas de crédito de la cuenta (o cerrada posiblemente, a menos que sea beneficioso para su cociente de utilización de crédito). Por supuesto si los tipos de interés fueron modificados, entonces ésos se podrían reflejar aquí.

El propósito de este ejemplo es simplemente indicar las posibilidades potenciales de la deuda antes y después de analizar sus cuentas.

RESUMEN:
Cuentas Reportadas

Tómese su tiempo en implementar estas ideas para cualquier cuenta divulgada para crear mejor crédito lo más rápido posible:

» Repase todas las cuentas y confirme que son suyas

» Repase cuidadosamente su situación y diseñe una estrategia beneficiosa para su cuenta de crédito antes de tomar cualquier acción con cualquier línea de crédito

» Cierre cuentas abiertas que usted no usa o necesita (esto se debe hacer por escrito) teniendo cuidado de no cerrar demasiadas o demasiado pronto o cerrar cualquier cuenta que le ayudad en su cociente de la utilización de crédito

» Solicited líneas de crédito más bajas en cualquier cuenta abierta que usted de manera realista pueda reducir a menos que sea vital para su cociente de la utilización de crédito

Capítulo 4

PRESUPUESTO

¿*P*or qué debo tener un presupuesto?

Obviamente, el presupuesto nunca está entre la lista de cosas divertidas para hacer. Sin embargo es crucial para el éxito de reparar su crédito y de establecer la estabilidad financiera futura.

Entender sus obligaciones financieras es necesario. Cuánto dinero entra y cuánto dinero sale (y para dónde sale), son revelados cuando se crea un presupuesto. El tener esta información disponible para revisar y examinar semanalmente puede influenciar sus decisiones de compra.

Ahora es el momento de aprender el concepto y empezar a aplicarlo diariamente para reparar su crédito rápidamente y con el menor dolor posible.

Recolecte la hoja de ingresos y egresos que usted hizo. Esto será una herramienta útil y su nuevo mejor amigo mientras usted trabaja en el proyecto y completa el paso tres del proceso.

Repase todos los costos enumerados y compárelos con su reporte de crédito. Si usted nota cualquier cuenta que ha sido abierta por lo menos por seis meses que están en su hoja de costo pero no están en el reporte de crédito, entonces las probabilidades son sólidas que esos acreedores no las divulgan a las agencias.

Al mismo tiempo, compare las cuentas divulgadas con su hoja de costo para asegurar que la información que es divulgada en su hoja del costo es igual a la suya.

Algo tan simple como un préstamo de auto que es reportado a $350/mes, pero en realidad es de $300/mes puede cambiar su relación deuda ingreso y debe ser corregido lo más rápidamente posible.

Este problema se debe tratar con el acreedor que necesita reportar la información correcta a las instituciones de crédito. Usted deberá asegurarse que la corrección se haga. Cerciórese de chequear que esté hecha.

*N*ecesidades vs. deseos

Una vez que usted haya verificado sus costos actuales contra el reporte de crédito, usted puede proceder con establecer su presupuesto.

Comience mirando sus hábitos de compras y gastos. Cuando usted revise sus cuentas, particularmente sus declaraciones de las tarjetas de crédito, pregúntese si lo que está comprando son **NECESIDADES** o **DESEOS**.

También considere esto cuando las compras del mercado (nunca vaya cuando esté hambriento), los costos de diversión y otras compras misceláneas y a menudo derrochadoras.

Sea honesto consigo mismo, así como también con el resto de los aspectos del proyecto, si desea tener éxito lo más rápidamente posible. ¡Esto es muy importante!

Ahora repase lo que usted debe cada mes en cada cuenta. Mire la importes exactos a pagar en las fechas de vencimiento de pago para mantener pagos constantes. Es imprescindible al reparar su crédito de crear y mantener consistencia con los pagos reportados.

Esto no quiere decir que las cuentas no reportadas, deben ser ignoradas u olvidadas. Por ejemplo, a compañías eléctricas raramente reportan, pero ¿Puede usted darse el lujo que le corten la electricidad? Ni usted ni yo.

Por lo tanto, sepa que todas las cuentas son igualmente importantes, algunas toman simplemente prioridad al calcular las cantidades que se pagarán hasta completar la deuda sin dejar de comer.

Con eso dicho, hay algunas cosas que hay que considerar al analizar, cuánto hay que pagar al acreedor.

Primero, ¿Se está cargando el interés? ¿Si es así, cuánto? Haga una nota al lado de cada cuenta si se está acumulando el interés y en qué porcentaje.

También note si hay una penalidad para bajar el balance antes de que el préstamo tenga que ser pagado. Si es así, entonces esa cuenta no debe recibir más que el pago requerido para prevenir penas adicionales.

¿Cuáles cuentas requieren mayor prioridad?

Ahora que usted sabe, qué balances de la cuenta son intereses que se acrecientan, y en qué tarifa, usted puede descifrar cuáles se convierten en prioridad superior.

La prioridad superior, no significa otra vez ignorar la otra deuda. Significa simplemente que ésas son las cuentas que requieren atención primero.

Así pues, ¿Qué clase de atención? ¡Gran pregunta!

Comience con los fundamentos básicos. Si usted tiene dos tarjetas de crédito de MJ CC-1, una con interés del 22% y una con interés del 15%, entonces usted puede ver que la primera le costará más siempre que usted lleve un balance.

Asumiendo que ninguna tarjeta está a lo máximo, tome la que está con el balance más alto de su billetera. Guárdela en una caja fuerte pero fuera de vista.

No agregue al balance de esta tarjeta (en línea o no), pero enfóquese en pagarla. Solamente cuando es necesario, utilice la otra MJ CC-1 con más bajo tipo de interés para las nuevas compras.

Las cuentas con el tipo más alto de interés costarán la mayoría de cada mes. Estas son las que usted debe pagar por lo menos lo mínimo tan frecuentemente como sea posible.

Al principio, esto puede sonar desalentador, pero a medida que usted ajuste sus hábitos la asignación del dinero, usted verá que va a comenzar a trabajar.

Los cambios recientes del gobierno ahora requieren que todas las declaraciones de las tarjetas de crédito demuestren no sólo el balance debido, pero también la cantidad que usted pagará si usted paga solamente el mínimo y cuánto tiempo tomará. Hay otros marcos de estructura de tiempo de pago demostrados también en cada cuenta mensual *(véase el ejemplo (d) en este capítulo)*.

Toma un momento para revisar su declaración y para familiarizarse con cuánto su deuda actual podría posiblemente costarle.

Tenga esos números grandes presentes en mente cada vez que vaya a sacar una tarjeta de crédito para una compra frívola. ¿Puede usted, en verdad, realmente permitirse lo que eventualmente le costará?

Si usted realmente no la necesita, hágase un favor y déjela en el almacén.

Para compras más grandes, particularmente, duerma con la idea por algunas noches y vea si realmente no puede vivir sin la compra. ¡Se sorprenderá de cuán fácil es decir no a los costos adicionales innecesarios!

Ahora que usted ha determinado sus costos superiores de prioridad basados en el nivel de importancia (hipoteca) y la cantidad de interés que se le carga, usted puede empezar a estructurar un plan mensual de presupuesto.

Ejemplo (d): Información Real del Pago del Acreedor*

INFORMACIÓN DE PAGOS
Balance Nuevo   **$7,851.00**

Mínima cantidad de pago   158.00

Día de pago   8 de mayo, 2016

Advertencia del pago tardío: Si no recibimos su pago mínimo en la fecha enumerada arriba, usted va a tener que pagar un pago tarde de hasta $35.00 y us transferencia APRs de la compra y del balance para las transacciones nuevas, se puede aumentar hasta la pena APR del variable de 18.99%.

Advertencia mínima del pago: Si usted hace solamente el pago mínimo cada período, usted pagará más en intereses y le llevará más tiempo en pagar su balance. Por ejemplo:

Si usted no hace ninguna carga adicional usando esta tarjeta y cada mes usted paga...	Usted pagará el balance mostrado en el estado de cuenta alrededor de la fecha en...	Y usted terminará pagando un total estimado de...
Sólo lo mínimo	20 años	$15,909
$261	3 años	$9,394 (Ahorros = $6,515)

Esta es información real del pago de un acreedor. Note la porción en los rectángulos sombreados y las figuras debajo de ellas. Si solamente el pago mínimo es pagado al mes, entonces llevará 20 años para cancelar el balance original de $7,851. Si todos los pagos son hechos a tiempo, el interés cargado en el balance original es $8,058. ¡Convirtiendo el pago total en $15,909!

Note los detalles de la Advertencia del pago tardío. Si en algún momento un pago esta tarde, entonces el APR puede incrementar, adicionalmente a los cargos cobrados por pago tardío.

Este ejemplo verdadero debe ser suficiente para intimidar a alguien para que pague su deuda lo más rápido posible, en lugar de confiar en la simplicidad solamente de hace un pago mínimo.

Piense en lo que usted podría hacer con $8,058 adicionales en su bolsillo... ¡y ésto es solamente de una tarjeta de crédito!

23

Ponga su mente en engranaje para lograr su meta y para recibir en brazos la tarea actual.

Monitorice sus gastos diariamente todos los meses. Note dónde está yendo el dinero y comience cortando gastos innecesarios.

Piense inteligentemente antes de gastar el dinero.

Tome en cuenta que cada moneda de diez centavos cuenta y considere cada compra cuidadosamente. Mejore sus hábitos de gasto y entienda que aunque venga envuelto en un pedazo de plástico cuando lo compra, eventualmente va a tener que pagar por él.

Si usted no tiene el efectivo para pagar por ello, asuma que usted o puede comprarlo hasta que tenga el dinero.

Cene en casa con más frecuencia y goce de las sobras. Si usted debe usar una tarjeta de cajero, sólo úsela cuando no incurrirá en honorarios.

Examine dónde puede hacer cambios, aunque sean pequeños, y aplíquelos para tener ahorros mayores y menos gastos.

Manteniendo una mente positiva mientras trabaje en esta etapa de su vida financiera es vivir debajo de sus medios y gastar el dinero como si fuera pobre.

Por favor no interprete eso como una actitud negativa hacia el dinero. El concepto es mantenerlo enfocado cuando tenga la tentación de gastar.

Aprenda a vivir con menos cosas y más sustancia.
¡Al final, usted estará alegre de lo que hizo!

RESUMEN:
Presupuesto

Dominando el arte de hacer presupuestos de su finanzas le permitirá construir un futuro financiero más fuerte. Esté seguro de incluir estos consejos:

» Cree una lista de todos los costos; mensual, semestral y anual

» Incluya toda la renta (despúes de impuestos)

» Apunte todas las compras: efectivo, crédito o de otra manera

» Continuamente revise donde el dinero va y reduzca donde sea posible

» Sea honesto consigo mismo sobre su dinero: donde va y si es necesario

» Viva pobremente para afinar los hábitos de gasto

Capítulo 5

CONTACTANDO
A LOS ACREEDORES

Contactando acreedores: No es tan asustadizo

El concepto de entrar en contacto con acreedores puede sonar asustadizo al principio. Sin embargo, esta manera de resolver sus problemas de crédito, le da una estrella de oro por algunas razones muy buenas.

Para empezar, si usted contacta a los acreedores para discutir su cuenta, ellos entenderán que sus intenciones son realmente buenas para cancelar sus deudas. Si usted ha dejado de pagar en el momento en que usted entra en contacto, no es el punto, el punto es hacerlo.

Si usted ve que las cosas se están poniendo difíciles, ahora es el momento de prestar atención. Tome notas detalladas incluyendo la fecha y la hora de la llamada.

Confirme siempre los detalles de su cuenta con su acreedor. Confirme la cantidad de su deuda, de la estructura de pago y de la cantidad mínima. Si es un préstamo, también confirme por cuánto tiempo es, el número de meses restantes y el tipo de interés, si fuera aplicable.

Cómo reducir los intereses

Si la cuenta es una que carga interés, pregúnteles si puede bajar la tasa de interés. A menudo, esto puede traer una respuesta positiva y si es así que una diferencia solamente puede ahorrarle centenares (si no millares) de dólares sobre el tiempo que le llevará cancelar su deuda.

Después, hable de su deuda con su acreedor. Pregunte si la cantidad debida puede ser reducida, especialmente si usted puede probar dificultad. Discuta sus opciones con ellos. Negocie una cuota que trabaje para usted y que le permita que usted permanezca enfocado sin hacer morir a sus hijos de hambre.

Si se llega a un arreglo, cerciórese de entender todos los detalles. En algunos casos, podría haber una revelación concedida de una porción de la deuda que reduciría literalmente la cantidad total debida.

En otras, la longitud del tiempo para el préstamo sería extendida para reducir la cuota. Otra posibilidad podría ser donde le préstamo puede ser extendido, pero en un tipo de interés más alto.

Si la opción pasada es la única opción, intente no aterrarse sobre los requisitos.

Aunque el tipo de interés puede ser más alto, por lo menos la obligación de la cuota se ha reducido a una cantidad más manejable.

Si la cuenta no viene con penalidades por pago adelantado, entonces cuando su dinero se libera, contribuya el dinero adicional por mes (a menudo) hacia el principal directamente para bajar ese balance.

> *Siempre haga un pago adicional hacia un préstamo, indique con el pago que debe ser aplicado hacia el principal solamente.*
> *Esto debe reducir en última instancia la cantidad de interés pagada sobre la vida del préstamo.*

El comunicarse con los acreedores es necesario para reparar su crédito. La honradez y la buena voluntad trabajarán para usted cuando usted tiene la intención de pagar su deuda.

Esta estrategia no permitirá que sus cuentas sean enviadas a las agencias de colección.

Los acreedores trabajarían generalmente con usted personalmente porque no solo les ayudaría a tener comunicación abierta con usted, pero también les ahorrarían dinero. Cuando se utiliza un agencia de colección, hay a menudo un honorario al acreedor para recolectar la deuda.

Si usted puede evitar las agencias de colección, usted puede también evitar la frustración de las llamadas telefónicas y de los meses sin fin de los recaudadores.

¡Ese detalle solamente hace este concepto….invalorable!

RESUMEN:
Contactando a los Acreedores

Intensificando y entrando en contacto con acreedores antes de que vengan detrás de usted es la base para trabajar con ellos y posiblemente salvar sus cuentas. Practique estas sugerencias:

» Llame a los acreedores *antes* de que tengan que llamarle, preferiblemente antes de que la cuenta sea realmente atrasada, anote la fecha de la llamada y con quién usted habló

» Pregunte sobre tipos de interés más bajos en cuentas con interés

» Intente negociar una cantidad mensual que usted sabe que va a poder pagar

» Repase los detalles de cualquier negociación con el acreedor y cerciórese de entenderlos completamente

» Solicite las correspondencia escrita incluyendo los detalles de la negociación

» Inicie comunicación siempre que sea necesario para discutir cualquier cambio en su situación (próxima o de otra manera)

» Al comunicarse por escrito con un acreedor guarde una copia para sus expedientes y mantenga siempre un archivo con las notas

» Honre los arreglos concedidos por el acreedor

Capítulo 6

Consolidando la deuda

¿Cómo puedo consolidar la deuda?

La consolidación de la deuda puede ser una herramienta muy eficaz para reducir la cantidad total que usted termine pagando al final. Hay diversos métodos para considerar y el que usted elija debe ser el que satisfaga su temperamento lo mejor posible y coincida con las opciones disponibles para usted.

Revise opciones

Hay compañías de crédito con las que usted puede contactarse e inscribirse en un programa de gerencia de deuda. Si usted opta por esta opción, cerciórese de que la compañía sea reputable.

Haga su investigación y haga preguntas. Muchas de estas compañías cobran tarifas exorbitantes. Antes de firmar, cerciórese de saber exactamente lo que está firmando, sinó podría terminar en peor situación económica de la que empezó.

Siempre tome notas durante la consulta o solicite la información por escrito. Es muy importante entender completamente los detalles de cualquier negociación que usted haga, incluyendo una consolidación.

Una estrategia diferente que pueda funcionar para usted es un préstamo personal. Si su crédito se lo permite y un tipo de interés razonable está disponible, este método sería el mejor para usted.

Si usted es dueño de su casa y no tiene una segunda hipoteca o línea de crédito, esta opción puede ser perfecta. Observe que en la mayoría de los casos de la línea de crédito o del préstamo, el cierre de los costos será aplicado, aumentando el costo.

Una vez más, antes de aceptar cualquier arreglo, sepa los detalles y confirme sus obligaciones financieras, para asegurar que está haciendo el mejor uso de su dinero y está creando una situación mejor para usted.

Transferencia de bajo tipo de interés

Otra manera de consolidar que es importante detallar, y que esté a su alcance, es una transferencia baja (o cero) del balance del tipo de interés.

Este concepto puede ahorrarle dinero si usted respeta cada uno de sus pagos y mira los plazos cuidadosamente para el final del período introductorio del tipo de interés.

Es extremadamente importante entender que si usted se atrasa con cualquier pago, incluso uno, es probable que usted tenga que pagar un tipo de interés mucho más alto en la cantidad entera que usted transfirió, aunque sea el último pago.

Al revisar una oferta para una transferencia del balance lea todo con cuidado. Preste atención a la parte sobre los pagos tardíos y el tipo de interés más alto y esfuércese a que *nunca* haga un pago tardío.

Si no, puede costarle mucho.

Ejemplo:

Con este método para consolidar la deuda, tiene la misma situación de antes. Usted tiene una línea hipotecaria de crédito de $50,000, una MJ CC-1 con una línea disponible de $15,000, la MJ CC-2 con una línea de $10,000, DS CC con una línea de crédito de $5,000, y una línea de crédito HS CC de $10,000.

Para este ejemplo (véase el ejemplo (e) en la tabla al final del capítulo), usted verá que tiene balances en la mayoría de las cuentas y todavía no ha solicitado baha ninguna de las líneas de crédito.

Al mismo tiempo, el balance de su tarjeta de DS CC es de $4,000 con un tipo de interés de 25%, el balance de su HS CC es de $3,000 con un interés de 20%, y su balance de MJ CC-1 es de $8,000 con un interés de 18%, mientras que su MJ CC-2 tiene un interés de 15% sin balance.

Además, usted tiene la línea de crédito de su casa con un balance de $30,000 en un índice con interés fijo de solamente el 8%.

Meta:

Ahora, análicemos estas cuentas colectívamente. La meta es considerar a dónde se puede mover el dinero para empezar a ahorrar mientras paga su deuda.

Comenzando con las tarjetas de crédito, usted puede ver que hay un poco de meneo en la MJ CC-1 y el tipo de interés que es más bajo que cualquiera de las otras dos tarjetas que tienen un balance.

Mejor todavía, la tarjeta de MJ CC-2 está totalmente disponible, y proporciona realmente un tipo de interés más bajo que el resto de las tarjetas de crédito. Como estamos discutiendo consolidación, cómo utilizar esta tarjeta ahora es donde debemos enfocar nuestra atención.

Los acreedores envían a menudo a sus clientes, oportunidades para transferir el balance, para tentarlos a utilizar su línea de crédito. Si usted ha recibido una oferta, compruebe los detalles. Si no, usted puede preguntar al acreedor si califica para una oportunidad.

Siempre empiece con la cuenta que proporciona el tipo de interés más bajo en compras y transferencia de balance. En este caso usted comenzaría con la tarjeta de MJ CC-2 porque tiene el balance más bajo de cero e investigaría si hay una oportunidad para una transferencia de balance.

¿*Cómo funciona una transferencia de balance?*

Si usted tiene la luz verde para participar en una transferencia, éstas son las cosas que debe tener presente: período de tiempo que tiene la oferta de transferencia, cuánto le costará y cuánto puede transferir, aún teniendo su línea de crédito (el total debe incluír los honorarios de la transferencia del balance).

Al transferir a una tarjeta de crédito, es mejor transferir a una que tenga un balance de cero (o lo más cerca posible). Esto es porque algunas compañías de crédito aplicarán pagos a la porción de la deuda que tiene el tipo de interés más bajo acumulado. *Confirme siempre este detalle con las compañías de tarjetas de crédito.*

Note si su compañía de crédito practica este método del uso de pago. Si es así, entonces, esté al tanto de que cualquier deuda existente con un tipo de interés más alto continuaría acrecentando interés a ese índice mientras usted paga la deuda con el tipo de interés más bajo primero.

Ahora que usted está listo para hacer la transferencia, usted sabe que tiene un total de $7,000 disponible en la tarjeta de MJ CC-1 que lleva ya un balance. Basado en la posibilidad mencionada sobre el pago de la deuda con el interés más alto, hecho después de pagar la deuda con el interés más bajo, esta tarjeta no debe ser la primera opción para una transferencia.

Además usted no debe agotar esta tarjeta porque necesita tener lugar para hacer compras, y en verdad es mejor si usted puede evitar de usar al máximo límite en cualquier tarjeta.

Puesto que la tarjeta de MJ CC-2 está abierta y disponible, ésta sería la tarjeta ideal para moverle el dinero especialmente si un tipo de interés bajo o de cero está disponible para la transferencia del balance.

Con una línea de crédito de $10,000 disponible en MJ CC-2, usted podrá transferir por lo menos $9,000 de la otra deuda. Si usted transfiere los balances combinados de $7,000 de DS CC y de HS CC usted cancelaría esas dos cuentas totalmente.

Si usted desea utilizar los $2,000 adicionales disponibles en la petición de la transferencia, entonces usted podrá cancelar algo de la tarjeta MJ CC-1.

La transferencia de $2,000 de MJ CC-1 a MJ CC-2 con un interés de 0% resultaría en un ahorro del tipo de interés que se acrecienta del 18% en esos $2,000 por la duración de la oferta de la transferencia.

¿*C*uáles son mis ahorros?

La mayoría de las ofertas de la transferencia del balance son por doce, quince o dieciocho meses y la cuota es generalmente alrededor de diez por ciento del nuevo balance (confirme siempre los detalles de cualquier transferencia o transacción).

Si usted aprovecharía de una oferta de doce meses con el interés del 0% e hiciera las transferencias como se describió anteriormente entonces sus ahorros serían así:

» MJ CC-1: $2,000 x .18 (18%) = $360
» DS CC: $4,000 x .25 (25%) = $1,000
» HS CC: $3,000 x .20 (20%) = $600

¡Este ejemplo proporciona un total de ahorros en el primer año de $1,960!

Nota: Este ejemplo se basa solamente en los $2,000 tomados de MJ CC-1 por doce meses. No incluye el resto del balance de la cuenta de MJ CC-1 y el hecho que el balance total de $8,000, más el interés compuesto mensual aumenta siempre el total. ¡Tomando esto en consideración, usted notará incluso ahorros mayores!

Además, si su transferencia fuera por más de dieciocho meses, el interés ahorrado en los $2,000 tomados de MJ CC-1 seria de $540.

*P*recio de la transferencia del balance

Si el honorario de la transferencia del balance requerido para la oferta fuera de 3% del balance total, y usted transfiere un total de $9,000, entonces el honorario sería de $270. Esto es calculado simplemente tomando la cantidad total que es transferida y que lo multiplica por el honorario ($9,000 x .03 = $270), trayendo el nuevo balance en MJ CC-2 hasta $9,270.

¡Tomando los ahorros estimados por solo doce mese de las tres cuentas ($360 + $1,000 + $600 = $1,960) y restando el honorario de $270, usted verá un ahorro ese primer año de $1,960!

Hasta ahora, usted ha abonado dos cuentas en las que puede cerrar o reducir la línea de crédito para mejorar su puntaje de crédito (si cualquier estrategia es la más ventajosa, dependiendo de su cociente de la utilización del crédito).

Ahora veamos el balance restante de $6,000 en la tarjeta de MJ CC-1.

Si usted puede o no hacer pagos y/o puede hacer solamente los mínimos, entonces usted deseará mover esto si es posible.

Según nuestro ejemplo, si su línea casera de la equidad es actual. Ese sería el mejor lugar para ponerlo. Tiene un índice fijo con interés de solamente el 8% y tiene sitio para recibir la deuda.

Moviendo $6,000 del 18% de MJ CC-1 por doce meses ($6,000 x .18 = $1,080) a interés del 8% de la línea casera de la equidad por doce meses, ($6,000 x .08 = $480), le ahorrará $600, ($1,080 - $480 = $600) el primer año, si es que usted mantiene pagos corrientes en su línea de equidad de vivienda.

¡Después de todo esto, si usted mantiene los pagos corrientes, sus primeros doce meses de ahorro serán de alrededor de $2,290!

Y ahora, con la tarjeta de MJ CC-1 cancelada, usted puede reducir la línea de crédito si desea. Lo más importante, es que usted debe tener la prioridad de solamente cargar lo que puede permitirse pagar mensualmente, si usted utiliza la tarjeta de crédito.

Esta estrategia, debe esperanzadamente, permitirle cancelar el balance de MJ CC-1 por completo cada mes. Haciendo esto no solamente eliminan los cargos de los intereses, pero le asiste inmediatamente a mejorar su crédito demostrando pagos a tiempo.

Vía esta consolidación del ejemplo, usted ahora tendría solamente tres pagos entre los tres acreedores mencionados. Su MJ CC-1 (para cualquier compra mensual), la línea casera de la equidad al 8% de interés, y la MJ CC-2 al 0% de interés por la duración de la oferta de la transferencia del balance.

Este arreglo será más manejable y menos abrumador.

¿*C*ómo me protejo?

Para protegerse, usted debe cancelar sus pagos a tiempo. Tome la precaución y ponga notificaciones en los calendarios un mes antes de que su tarifa introductoria de la transferencia del balance expire.

Además *no utilice la tarjeta de MJ CC-2 para cualquier* cosa hasta que el balance entero es pagado por completo. ¡Esto es super importante!

> ### IMPORTANTE:
> *Es imprescindible cancelar la cantidad entera debida antes de que la transferencia del balance expire o mueva el balance restante a otra tarjeta con más bajo interés.*
>
> *Si usted no lo hace, le cobrarán el interés cargado en el balance entero transferida a partir de la fecha original de la transferencia.*

Es decir, para utilizar la estrategia de la transferencia del balance para los propósitos de consolidación, usted debe ser cauteloso y disciplinado. Si usted no lo hace, usted podría incurrir en costos adicionales, que podrían afectarle negativamente en su progreso y meta total.

¿Qué opciones son aplicables a mi situación?

Decidir qué opción es las más adecuada para sus necesidades es algo que solo usted puede determinar. Cada persona debe considerar su propia situación, su esmero a la tarea, temperamento y la tolerancia por la estructura de los pagos para seleccionar la mejor opción para ellos.

Pero, ¿Qué si usted no tiene una tarjeta de crédito para transferir el balance? ¿O, una línea de equidad disponible para pedir un préstamo? ¿Qué si sus tarjetas de crédito se cargan al máximo y usted no tiene ninguna opción de préstamo con tipos de interés razonables.

Obviamente, esta es una situación difícil de maniobrar, pero no se desaliente. Si usted siente que debe consolidar y no hay otras opciones, siempre puede utilizar un servicio profesional. Una vez más, confirme todos los detalles y entienda cuánto le costará si usted sigue esta ruta e investigue siempre a cualquier compañía antes de emplearlos.

Y, aunque usted podría pedir prestado el dinero de amigos o de la familia para pagar lor altos intereses de la tarjeta de crédito, pueden haber otras consecuencias. Sí, usted pueda ser que ahorre el dinero en cierto interés, pero esta opción puede traer desafíos. Con ésto, usted puede ser que desee reconsiderar.

Si usted decide hacerlo sólo, haciendo el presupuesto y comunicándose con los acreedores, serán las decisiones más importantes en el proceso.

Esto es cuando su negociación del pago y la técnica de pago conseguirán en verdad su entrenamiento.

Ejemplo (e): Consolidación de cuentas hipotética basada en la estrategia estudiada*

Balance actuales de cuentas y estados			
Cuenta o acreedor	**Línea de crédito**	**Balance/ Interés**	**Interés anual**
DS CC	$5,000	$4,000 / 25%	$1,000
Línea de equidad de vivienda	$50,000	$30,000 / 8%	$2,400
HS CC	$10,000	$3,000 / 20%	$600
MJ CC-1	$15,000	$8,000 / 18%	$1,440
MJ CC-2	$10,000	$0 / 15%	$0
Totales	**$90,000**	**$45,000**	**$5,440**
Balances de cuentas consolidad das			
DS CC	$1,000	$0 / 25%	$0
Línea de equidad de vivienda	$50,000	$36,000 / 8%	$2,880
HS CC	*Cerrado*	n/a	n/a
MJ CC-1	$10,000	Varía / 18%	*Si paga,* $0
MJ CC-2**	$10,000	$9,270 / 0%	$0
Totales	**$71,000**	**$45,270**	**$2,880**
Ahorros totales de interés por el período de 12 meses			**$2,560**

La tabla entera calculada por solamente un período de doce meses o los tipos de interés basados en balances según lo indicado.

Limites de crédito reducidos de DS CC y MJ CC-1; HS CC cerrado a petición del consumidor. MJ CC-1 "si ha sido pagado" = balance mensual pagado por completo a la fecha de vencimiento.

***El tipo de interés introductorio de la transferencia al 0% de interés del balance de MJ CC-2 se utilizó aquí.*

Observe eso después de los doce meses iniciales, si no ha pagado todo o movido a otra cuenta, la tarifa aumentará substancialmente, generalmente subiendo al máximo tipo de interés (actualmente, por ejemplo del 15% y retroactivo de nuevo al principio de la transferencia.

¡IMPORTANTE: Tenga un plan de acción antes de la expiración de la tarifa introductoria de donde mover el balance si no puede pagar el balance a tiempo!

RESUMEN:
Consolidando la Deuda

La consolidación de la deuda puede ser muy beneficiosa. Repase estas ideas cuando esté considerando sus opciones:

» Revise todas las cuentas, líneas de crédito, balances y tipos de interés/honorarios

» Considere las ofertas de la transferencia del balance a una oferta más baja del interés

» Asegúrese que la línea de crédito disponible va a permitir transferir los honorarios requeridos en la transferencia de los balances

» Si está consolidando usted solo o usando un servicio, revise siempre y entienda todos los detalles (la longitud del tiempo, del tipo de interés, honorarios, períodos de gracia, penalidades del pago tardío)

» Haga sus cálculos. Esté seguro de que su próximo paso esté en la dirección correcta y que satisfaga sus necesidades

» Cuando la fecha de expiración de la oferta se avecine, esté preparado para pagar el balance completo o mueva el dinero a otra cuenta con bajo interés

» Sea cauteloso y disciplinado, especialmente con transferencias de balance

Capítulo 7

PLANES DE PAGO

Estableciendo un plan de pago estructurado

Ahora que usted sabe el estado de cada cuenta, es hora de instalar un plan de pago estructurado si uno no está implementado ya. Antes de apurarse en llamar a alguien acerca del plan, tome un momento para hacer algunas cosas primero.

Repase la hoja del presupuesto que usted creó junto con su reporte de crédito actual. Tome nota de quienes son los acreedores que están divulgando a las agencias (la historia de la cuenta y los pagos será publicada en su reporte) y cuáles no son, y márquelas en su hoja de presupuesto.

Para empezar con el pie derecho, cerciórese de que usted establezca la mejor situación para cada cuenta. Contacte sus acreedores directamente para establecer un plan de pago para cada cuenta.

Aunque una cuenta ya haya sido enviada a una agencia de colección. Empiece contactando al acreedor original.

Si estan dispuestos a trabajar con usted, esto le puede ahorar dinero a ambos. Adicionalmente, ellos tienen el poder de reportar sus pagos a las agencias de crédito y esto le ayudará a reconstruir su crédito.

Recuerde, los pagos consistentes y a tiempo allanan el camino a un crédito más alto, y a un mejor crédito en general.

*H*ablando con los acreedores

Lo mejor, es estar preparado antes de hacer la llamada. Calcule cuánto puede pagar, mientras trabaja en el presupuesto. Esto lo ayudará a que tenga una idea sólida de lo que puede pagar mientras trata de negociar.

Al hablar con los acreedores, si quiere ofrecerles cancelar la deuda con un balance más bajo, entonces pregúnteles si pueden trabajar con usted con un porcentaje de la deuda y cancelar el resto. En algunos casos, esta estrategia es más ventajosa que otras, tales como cuentas médicas, aunque no hay garantías.

No importa con qué acreedor está hablando, siempre haga lo mejor para negociar pagos con una cantidad que usted sabe que va a poder satisfacer en bases regulares.

Según lo mencionado previamente, esté enterado que la negociación de un pago mínimo más bajo podría costarle más en interés. Trate de no preocuparse de ese detalle todavía, pues su enfoque no debe estar en eso todavía.

Empezando, lo más importante será que guarde su promesa y haga los pagos requeridos a tiempo.

Es decir, evite fracasar a propósito.

Con optimismo, a través del tiempo, usted podrá pagar más del mínimo mensual, y por lo tanto podrá cancelar la deuda antes de pagar todo el interés.

Si usted decide pagar más del mínimo, siempre indique en el recibo que la cantidad adicional deba ir al principal solamente (esta opción no se aplica generalmente en las tarjetas de crédito).

*N*egociando e intereses

Al negociar con compañías más pequeñas o deudas antiguas que cargan interés, pregunte si es posible perdonar las cargas de interés futuras.

Algunas compañías sacrificarían algo del interés (una vez que usted se ha comprometido con un plan definido de pago), en lugar de ser pagadas o teniendo que emplear un agencia de colección para encontrar el dinero que se debe.

Una vez que se ha acordado con una estructura de pago, solicite los detalles por escrito. Además siempre guarde sus propias notas con el nombre de la persona con la que usted habló y la fecha de su llamada.

Organice los detalles de la cuenta

Abra un archivo para cada cuenta y guarde todas las notas de las conversaciones, las negociaciones y los pagos organizados para tener una referencia rápida.

Para los avisos visuales, cree una lista o una hoja de balance con las cuentas y la información actualizada del pago. Póngalo donde usted podrá referirse fácilmente y a menudo.

¡Maximice sus oportunidades y siga el plan, y verá que sus deudas desaparecerán!

RESUMEN:
Plans de Pago

Los planes estructurados del pago pueden ayudarlo a mantener todo organizado. Tenga estas cosas presentes:

» Revise los detalles de la las hojas del presupuestos y comprenda cuánto dinero se puede asignar realísticamente a cada cuenta

» Procure negociar cantidades de pago en su alcance para mantener pagos regulares a tiempo

» Siempre contacte un acreedor si usted sabe que va a estar atrasado con su pago *antes* de estar tarde

» Mantenga los expedientes exactos sobre cada conversación o comunicación con los acreedores de cada cuenta

» Siempre que sea posible, trabaje directamente con el acreedor mejor que con una agencia de cobranzas

» Cree una lista o una hoja de balance con los requisistos actualizados del pago de la cuenta para una referencia rápida

Capítulo 8

Haciendo pagos

Estrategias para pagos a tiempo

La importancia de hacer pagos oportunos no puede ser exagerada. Es la espina dorsal para que este proceso funcione y tiene fuertes lazos de cómo debe uno comunicarse con los acreedores, aquellos a quienes actualmente usted les debe dinero y los que eventualmente le van a prestar dinero en el futuro.

Sin importar si usted podrá consolidar la deuda con pocos pagos, tales como los ilustrados anteriormente, usted dominará el arte de hacer pagos.

Ahora que usted ha negociado los balances y los tipos de interés, organizado pagos estructurados y posiblemente haya consolidado las cuentas, es hora de empezar a pagar como lo prometido.

La estrategia general (y primera prioridad), es pagar a todos los acreedores según lo convenido durante la negociación. Sin embargo, hay tácticas adicionales por considerar que pudieran ser útiles en algún momento.

Observe que la mayoría de los acreedores han acordado en organizar su plan basado en la cantidad mínima debida en intervalos regulares. Cada cuenta será diferente, pero cuando se refiera a sus notas, haga incapié en las que cargan interés en el balance que queda.

También observe cuál cuenta tiene el tipo de interés más alto, después el que le sigue y así sucesivamente. Además anote las cuentas que divulgan sus pagos a las instituciones de crédito.

Obviamente, hay momentos en que las circunstancias cambien, que puedan alterar su situación financiera. Por lo tanto, tenga estos detalles presentes, porque puede encontrarse en una situación en que necesite ajustar la manera en la que vaya a pagar al acreedor.

Es en estos momentos, cuando usted necesite ajustar su plan temporalmente. Este concepto no debe ser usado innecesariamente, ni debe ser abusado.

Recuerde que la meta total es reconstruir su crédito y aumentar su solvencia crediticia.

Abusar de cualquier sugerencia que le pueda ahorrar tiempo en caso de emergencia podría anular lo que buenamente ha logrado.

Ejemplo:

Utilicemos la situación hipotética anterior de la cuenta mostrada previamente en el ejemplo (e) (capítulo 6), sin ninguna consolidación, pero con un plan de pago para HS CC y DS CC.

Después de negociaciones, sus obligaciones hipotéticas mensuales son el 10% total de su balance de HS CC y $100 al mes a DS CC hasta que estén pagadas. HS CC rechazó a renunciar los honorarios futuros pero DS CC estuvo de acuerdo, congelando su cuenta hasta que el balance restante esté pagado por completo.

Las dos cuentas restantes, MJ CC-1 y la línea de crédito de casa, carga la cantidad mínima cada mes (más interés que se acrecienta en el balance total).

Por los tanto usted tiene ahora tres cuentas que cargan interés: la línea de crédito de casa al 8%, HS CC al 20% y MJ CC-1 al 18%.

Además, fuera de las cuatro cuentas, la única que no divulga a la institución de crédito es HS CC (*para este ejemplo hipotético solamente: siempre confirme la divulgación a identidades vía su reporte de crédito*).

Después de algunos meses de hacer pagos según lo convenido, si usted tiene una emergencia familiar al cual usted debe asignar el dinero que iría de otra manera hacia un pago. Usted se da cuenta que no podrá hacer los pagos mínimos a todas las cuentas y necesitará improvisar.

Es hora de ser creativo y considerar sus opciones.

Considerando opciones posibles

Después de revisar sus cuentas, usted sabe que HS CC no divulga su actividad de pago (otra vez, todo esto es solamente hipotético según el ejemplo), sino que todavía está cargando interés. Todavía DS CC que ha acordado no aplicar interés, si divulga.

Revisite sus notas referente a las negociaciones. Cuando usted discutió su plan de pago con DS CC, le indicaron que si pagaba menos de la mínima cantidad o no hacía un pago, ¿Le cargarían el interés total del balance original y continuarían cargando el interés en adelante?

Si no hay una penalidad por pagar menos de la cantidad acordada, entonces es su oportunidad.

Una vez más, usted no desearía hacer de esto un hábito. Sin embargo, en esta situación, usted podría por un mes o dos, contemplar pagar una porción de su pago a DS CC y utilizar el resto como pago parcial a HS CC.

Aunque este método no le ahorrará completamente, demostrará que tiene buena fe en el deseo de pagar su deuda y el acreedor considerará que usted no está ignorando su responsabilidad.

Otra estrategia sería pagar las cuentas con más alto interés primero.

Observe que si ha dejado de hacer algunos pagos que han sido divulgados serán apuntados en su archivo de crédito, junto con información de cuántos días estuvo tarde (30, 60, 90, etc) y estaría en su contra.

Mientras que menos que el pago requerido, pero hecho a tiempo, será indicado en el reporte.

Para los resultado óptimos en cualquier situación, está en su mejor interés de entrar en contacto con el acreedor y tenerlos al tando de la situación.

Sepa y entienda siempre las repercuciones por los pagos que faltan o por pagar menos de lo convenido. Preste atención a sus estados de cuenta y comuníquese con el acreedor antes de hacer sus propios cambios a un plan estructurado de pago

*A*proveche de las oportunidades

En caso que usted pueda finalmente no sólo pagar los mínimos debido pero pueda también agregar un pago, ésta es una gran oportunidad de aprovechar.

Siempre que usted pueda permitirse pagar adicional en una cuenta, elija la que tiene interés más alto primero. Disminuyendo el balance que se debe disminuirá la cantidad de interés que será cargado en el ciclo siguiente.

Si usted está pagando dinero adicional en un préstamo, entonces es importante indicar que la cantidad adicional debe ser aplicada al principal solamente.

Siempre que usted haga un pago a cualquier cuenta, hecho en la computadora, vía cheque, transferencia, orden de dinero o en persona, cerciórese de recibir un recibo u otra forma de prueba escrita con su número de cuenta en él.

Guarde un archivo de toda la correspondencia y pagos, observando qué método de pago fue utilizado y cuando fue sometido.

RESUMEN:
Haciendo Pagos

Como usted hace sus pagos jugarán una enorme parte en cómo usted reparará rápidamente su crédito. Enfóquese con estos consejos:

» Haga los pagos a tiempo

» Haga los pagos de la misma clase de cuentas cada mes (o como facturados)

» En caso de emergencias, elija cuidadosamente cómo asignar sus fondos considerando tipos de interés y divulgando posiblemente el estado de cuentas

» Sepa todos los detalles sobre sus cuentas y contacte sus acreedores sobre circunstancias extenuantes imprevisas antes de realizar cambios de la manera que paga

» Pague los balances completos lo más rápido posible (sin comprometer otras cuentas)

» Guarde expedientes detallados de todos los pagos. Indique cualquier porción que deba ser aplicada al balance principal

Capítulo 9

Agencias de Colección

Sepa sus derechos

El último lugar donde usted y su acreedor, quisieran que su cuenta termine, es en una agencia de colección.

Si, sin embargo, su cuenta ha terminado allí, y usted no ha contactado su acreedor para arreglar la situación, es muy probable que será contactado (o ha sido contactado) por una agencia de colección.

Las llamadas y cartas pueden ser intimidantes, son diseñadas para ser alarmantes para conseguir que los deudores paguen lo que deben. Sin embargo, esto no da el derecho a la agencia de acosarle. *De hecho, es ilegal hacer esto de acuerdo con Fair Debt Collection Practices Act.*

El hecho que usted deba dinero, no lo convierte en criminal. Usted tiene derechos y necesita estar enterado de cuáles son y de lo que usted deba o no tolerar mientras que se esfuerce en pagar sus deudas.

Cuando un coleccionista lo llama, su mejor opción es tener una conversación y enfrentar la situación directamente. Descubra lo que pueda sobre lo que demandan saber de usted y de su deuda.

Primero: Cerciórese de tomar notas de cada detalle de la conversación.

Pida su nombre y deletréelo correctamente, en caso que sea necesario. Apunte la hora y fecha de llamada y el nombre de la agencia de colección de donde lo están llamando, su dirección y número de teléfono.

Después: Consiga el nombre del acreedor, de quien están llamando y de cuánto es la deuda. Pregunte usted al colector cómo puede disputar o verificar la deuda, en caso que necesite hacerlo. Tome notas detalladas y confirme que entiende el proceso que ellos le están describiendo.

Observe que usted está haciendo simplemente preguntas en este momento, pero que no está necesariamente diciendo que la deuda es suya.

El primer paso es recopilar la información. Una vez que usted obtenga todo de ellos, luego podrá proceder con cualquier pieza del rompecabezas que quepe.

Si el colector no proporciona la información por teléfono, solicite todos los detalles por escrito.

Usted tiene el derecho de retener de reconocer que debe el dinero, así como tomar las medidas para los pagos, hasta que tenga la información por escrito y haya confirmado su exactitud. Usted debe también comparar esta información con su informe de crédito actual, para verificar si está allí o no.

Cómo resolver una deuda

Una vez que usted reciba la información, si usted sabe que la deuda es suya y la cantidad es exacta, proceda con establecer un plan de pago.

Usted puede contactarse con la agencia de colección o procurar trabajar con el acreedor directamente. *Sin embargo, observe que no todos los acreedores van a trabajar con los deudores una vez que la cuenta ha sido entregada a una agencia de colección.*

Por otra parte, ¿qué hay si la deuda es de varios años?

En este caso, usted puede desear investigar su estatuto de limitaciones de estado para presentar una demanda para colectar una deuda.

Una consulta con un abogado puede ser una opción razonable para una interpretación apropiada de las leyes aplicables en su área y para determinar cúal es la mejor forma de actuar para usted.

¿*Qué hay si la deuda no es mía?*

Además, si usted no está seguro que la deuda es suya, entonces escriba a la agencia de colección y solicite el nombre y la dirección del acreedor original (si es diferente del acreedor actual). En su carta, solicite la cantidad de la deuda y prueba que la deuda es suya.

Si la deuda no es *definitivamente* la suya, escriba al recaudador e infórmele que usted no le debe el dinero y que usted no desea ser contactado sobre ella otra vez.

Siempre, haga y guarde copias de toda la comunicación con los acreedores y los colectores.

RESUMEN:
Agencias de Colección

Las agencias de colección se emplean para colectar deudas. Aunque esto no los convierte en amigos suyos, no los deben tomar como enemigos. Lo siguiente incluye una lista de cosas que un recaudador *no* está permitido hacer según Fair Debt Collection Practices Act:

» Llamada sin identificarse

» Hacer llamadas por teléfono repetidas con la intención de molestar, abusar o acosarlo a usted o a quien conteste el teléfono

» Hacer amenazas de violencia o de hacer daño

» Utilizar lenguaje abusivo o profano

» Publicar los nombres de las personas que rechazan pagar sus deudas (esto no incluye la divulgación de la información a una compañía de crédito)

» Si usted cree que está siendo acosado por un recaudador, puede someter una queja a Consumer Financial Protection Bureau

» Además esté al tanto de estafas por teléfono, el texto, correo electrónico, etc. personificando a los recaudadores; siempre ejercite precaución y no ofrezca dar información personal voluntariamente

Capítulo 10

APLICANDO POR CRÉDITO NUEVO

¿Debería aplicar por crédito nuevo?

Mientras usted está reconstruyendo su crédito, estará en su mejor interés de resistir el solicitar más crédito.

Cuanto más consistentes estén sus pagos, y su deuda esté más baja, lo más probable es que se le presentarán ofertas para aumentar su crédito o solicitar uno nuevo.

Aunque un aumento en su línea de crédito, puede ser beneficioso para su cociente de utilización de crédito, en este punto del proceso podría ser tentativo de aumentar más deuda. Mientras está dominando el arte de hacer pagos para salir de la deuda, cualquier aumento podría ser en su contra si no está disciplinado.

En cuanto a tarjetas de crédito nuevas, usted no debe necesitar otra tarjeta de crédito de almacén grande o de gasolinera. Si usted no está comprando una tarjeta pagada por adelantado, tal como una tarjeta de regalo, no lo haga. Además, temporalmente deje de solicitar nuevos préstamos.

Es importante recordar que lo más alta que es su deuda al cociente de la renta, más baja puede ser su cuenta de crédito a menos que su cociente de utilización de crédito indique de otra manera.

Meta:

Puesto que su meta es reconstruir su crédito y aumentar su cuenta, el solicitar nuevo crédito de cualquier clase, debería ponerse en pausa hasta que usted tenga una disciplina financiera sólida.

Una vez que restaure su crédito, un mundo nuevo lleno de opcciones puede y eventualmente se presentará.

Después de que usted haya reconstruido con éxito su crédito, usted será elegible para tipos de interés más bajos en préstamo que solicite y obtenga. Probablemente notará que sus pagos mínimos también serán más factibles porque usted ha demostrado que está dispuesto y es capaz de hacer sus pagos según lo prometido.

Ofertas preevaluadas y pre-aprobadas

A medida que pruebe su solvencia de crédito, es probable que comenzará a recibir ofertas de crédito monitoriadas. Estas ofertas llegan generalmente vía el correo o el correo electrónico, generalmente no solicitado por usted.

Durante su revisión de las ofertas, puede ser que descubra productos y opciones que son mejores para usted y sus metas financieras.

Podría ser con una de estas oportunidades que usted obtiene una tarjeta de crédito ofreciendo tecnología avanzada y programas de recompensa. Una gratificación agregada podría también ser un tipo de interés más razonable.

Estas ofertas pre-aprobadas o aplicaciones pre-aprobadas son ofrecidas a individuos cuyos hábitos de pagos siguen ciertos criterios para los acreedores. Y, aun cuando el acreedor ha recibido su información como prestatario que sigue sus especificaciones, su método de descubrimiento (verificación de crédito suave) no le afecta su cuenta de crédito.

Muchas veces los productos que son ofrecidos no están disponibles para el público en general. Así pues, aunque usted no los desee en su correo, puede ser que los encuentre educativos como opciones disponibles para usted.

Además, es importante observar que estas ofertas pre aprobadas no son una garantía que usted recibirá una línea de crédito. Si usted responde a la oferta, una revisión del crédito será conducido para confirmar sus detalles y para evaluar cuánto, va a ser ampliado para usted.

Las nuevas líneas de crédito pueden ayudar a alzar su cociente de utilización del crédito y proporcionarán ciertamente más crédito para su uso. Sin embargo, hasta que su capacidad crediticia pueda responder a la investigación y es bastante sana para proporcionar una respuesta positiva de los acreedores, puede ser sabio esperar para aplicar.

En total, es positivo resistir a la tentación de adquirir tarjetas o préstamos de crédito nuevos hasta que usted ha pasado por todo el proceso.

Su determinación para mejorar su capacidad crediticia e improvisar su situación financiera le servirá en su futuro si puede esperar hasta que el proceso esté completo.

RESUMEN:
Aplicando por Crédito Nuevo

El solicitar crédito nuevo es muy atractivo, especialmente cuando usted está acostumbrado a ser negado. Tenga estos pensamientos presentes hasta el momento oportuno es el mejor para su situación:

» Resista el aplicar por préstamos nuevos y tarjetas de crédito, aunque un descuento por una compra inicial es ofrecido

» Aplicaciones para crédito nuevo harán incapié en su crédito (verificación de crédito duro) y podrán afectar su crédito negativamente

» Las ofertas pre-aprobadas que son enviadas pero no respondidas no afectan negativamente a su capacidad crediticia

» Las ofertas preevaluadas no son garantía de que usted sea aprobado para una línea de crédito

» Las líneas de crédito nuevas *pueden* potencialmente alzar su cociente de utilización de crédito, pero no todos los usos para el nuevo crédito serán aprobados

» Aumentos de la línea de crédito automáticos en cuentas existentes son indicadores positivos y mejoran su cociente de la utilización del crédito

Capítulo 11

PUNTAJE DE CRÉDITO

¿Cuán importante es mi puntaje de crédito?

Ahora usted debe entender que su cociente de capacidad crediticia es muy importante al solicitar cualquier clase de crédito.

Entre más alto es su cociente de capacidad crediticia, más bajas sus tasas interés, eleva sus líneas de crédito (si es aplicable a su ingreso), y mayores oportunidades de ser aprobado.

En general, el puntaje de crédito oscila de 300-850, y cuando el puntaje es bajo, es más difícil pedir prestado dinero. Las compañías utilizan diversos rangos y diversos métodos para determinar el puntaje, así que puede ser difícil determinar claramente su número exacto.

Usted puede que se sorprenda al aprender que podría tener más de un puntaje de crédito. Esto es debido al hecho que las entidades de crédito utilizan diversos puntajes para diversos productos y hay diversas fórmulas para determinar los puntajes de crédito, y múltiples fuentes de reportes de crédito.

Entendiendo esto podría explicar por qué puede ser que califique para varios tipos de interés para el mismo préstamo o producto cuando aplica a varias compañías. Sin embargo la posibilidad de un tipo de interés más bajo es un argumento sólido para investigar otras entidades de crédito.

Los puntajes de crédito se basan generalmente en la información encontrada en sus reportes de crédito. Por eso es importante revisarlos para estar seguros de su exactitud. Los puntajes de crédito no se proporcionan en los reportes de crédito y si son solicitados, puedan requerir un honorario, pero algunos acreedores proporcionarán el puntaje gratis.

> **Las compañías que reportan el crédito principal son Equifax®, Experian® y TransUnion®. Usted puede solicitar su reporte en línea en annualcreditreport.com.**

Variables y cociente de utilización de crédito

Hay varias variables que pueden y afectarán su puntaje de crédito.

Aquí están las variables más comunes, (lista no totalmente incluída): cuántos y qué tipos de cuentas de crédtio tiene, cuánto tiempo ha tenido esas cuentas, cuán cercano está usted a su límite de crédito por cuenta, puntualidad de pago, número de investigaciones de su crédito y su cociente de utilización de crédito (o tasa de utilización de crédito, CUR).

El cociente de la utilización del crédito corresponde a cuánto crédito usted tiene que le es accesible vía líneas de crédito revolvente y cuánto usted debe actualmente. Esto se aplica a las cuentas individualmente así como colectivamente

Su CUR es determinado tomando el total existente del balance dividido por su límite de crédito (si es con una tarjeta o entre todas las líneas de crédito) y debe ser menos del 10%, pero absolutamente no más del 30%.

Vamos a referirnos de nuevo a la ilustración del ejemplo (e) (capítulo 6), antes de la consolidación. Tomando el balance existente total de todas las cuentas rotativas y dividiéndolo por el límite del crédito, el cociente de la utilización del crédito es de 50%.

Se llega a este porcentaje tomando *la deuda total* de $45,000 y dividiéndola por *el crédito total* de $90,000 (45,000 entre 90,000 = .50).

Si nos referimos al mismo ejemplo y utilizamos las cantidades después de consolidar, la nueva deuda es de $45,270 mientras que el crédito disponible total es de $71,000. De nuevo, dividimos la deuda por el crédito disponible total y encontramos que el nuevo cociente de la utilización de crédito es del 64% (45,270 entre 71,000 = .637).

Como usted puede ver, dado este ejemplo, ninguna de las dos opciones llegará a un CUR favorable de 30% o menos. Usted tendrá que determinar cuál opción es la mejor para usted.

Cerrando la cuenta

Cuando usted decide cerrar una cuenta, cerciórese de que usted no esté comprometiendo otra cuenta usando todo el crédito disponible y otra vez, considere el impacto en su cociente de la utilización de crédito.

Dese cuenta que teniendo solamente una tarjeta de crédito abierta en lugar de dos le daña realmente su CUR en vez de ayudarlo.

Teniendo dos cuentas abiertas, aunque el balance solamente está en una tarjeta, le permite a que la cantidad de su crédito disponible sea más alta, y eso le influye directamente en su cociente de la utilización del crédito.

Ejemplo:

Un ejemplo simple sería tener dos cuentas, cada una con una línea de crédito de $10,000. Su balance pendiente en una tarjeta es $5,000 y el otro es cero.

Para esa tarjeta, su CUR esl 50% (5,000 entre 10,000 = .50), sin embargo, entre las dos tarjetas (si se asume que estas son la únicas does cuentas rotativas que usted tiene), su CUR es de 25% (5,000 entre 20,000 = .25).

Si usted cierra la cuenta con un balance de cero, su CUR entonces se convierte en 50%, que es 20% mas alto que el máximo sugerdo de 30%. Como usted puede ver aquí, sería mejor mantener ambas cuentas abiertas a menos que hayan circunstancias que le impidan cerrar la buena.

Observe que cerrar las cuentas requiere escrutinio y el uso inteligente del crédito.

Lo mismo se aplica a la transferencia de los balances. Aprovecharse de este recurso frecuentemente puede obstaculizar su puntaje de crédito, especialmente si usted cierra las cuentas en varias ocasiones una vez que transfiere de ellas.

Piense dos veces al hacer un movimiento importante con una cuenta. Entienda y respete que los acreedores lo conocen personalmente y confían en la información de su informe.

Entender cómo trabajar con sus cuentas, que le benefician y cómo lo hacen, será instrumental en apresurar el proceso de la reparación del crédito.

Sin embargo, en todas las circunstancias, para elevar su cuenta de crédito o mantener simplemente una cuenta más alta, pague siempre sus cuentas a tiempo. Además no maximice su tarjetas de crédito o esté cerca del límite de crédito.

La longetividad con un acreedor, habla favorablemente de usted y de su lealtad a la compañía. Cuánto más tiempo tiene la cuenta y permanece en buena situación, el puntaje de su cuenta será mejor.

Recuerde que la decisión de un acreedor potencial puede tener un impacto directo en situaciones que podrían alterar su vida, para bien o en contra de usted, como en la tentativa de comprar una casa.

RESUMEN:
Puntaje de Crédito

Trate su cuenta de crédito con respeto y tome cuidado de utilizarlo sabiamente pues puede ser su mejor aliado si lo hace. Mantenga su puntaje de crédito alto con estos hábitos:

» Pague todas las cuentas consistentemente y a tiempo

» Utilice la discreción cuando cierre las cuentas

» Solicite solamente crédito cuando usted lo necesite

» Mantenga balances más bajos: no maximice su líneas de crédito

» Monitoree su cociente de la utilización de crédito para tener un puntaje más alto

» Limite la frecuencia y el número de transferencias del balance

» Repase regularmente al información sobre sus informes para tener exactitud

Capítulo 12

AMENAZAS AL CRÉDITO

Tenga cuidado con las posibles amenazas al crédito

Todos están expuestos a las posibles amenazas al crédito, aún aquellos que están trabajando en reconstruir y restaurar su crédito.

Las amenazas al crédito están cambiando y multiplicándose continuamente, haciendo casi imposible el describirlas todas aquí. Sin embargo, la información provista lo pondrá alerta a la realidad de que existen amenazas al crédito y lo motive a tener cuidado. Las posibles amenazas al crédito incluyen:

» Robo de identidad
» Fraude y suplantación de identidad en el correo postal y en el correo electrónico
» Robo y fraude en las tarjetas de crédito
» Cargos no autorizados a las tarjetas de crédito

Para empezar hay algo importante para recalcar, y es estar alerta con nombres y caras familiares. Aunque alguien pueda ser su cónyuge, familiar o, mejor amigo, eso no los excluye de ser posibles amenazas para su crédito.

Si familiares o amigos le piden su tarjeta prestada, sea cuidadoso. Si usted quiere ayudarlos de verdad, lo mejor es que usted vaya y haga la com pra con ellos. Esto puede sonar bobo o extremo, pero si ellos tienen acceso a su información una vez, ellos pueden usarla mas tarde sin su conocimiento y posiblemente creando deudas y problemas por los que usted tendrá que asumir la responsabilidad.

En dichos casos usted debe contactar al acreedor para disputar cargos no autorizados, quizás le pidan que firme un documento legal juramentado. Sepa que si usted ha dado permiso de usar su tarjeta en el pasado, esto puede anular la validez de su disputa, y convertirlo en la persona responsable por el pago.

Mientras todos queremos poder confiar en nuestros amigos hasta con nuestra vida y hasta nuestro primogénitos, lo mejor es no confiar al punto de darles nuestra información personal. Individuos a los que se les confía esa información pueden – en cualquier momento – tener acceso a su crédito y convertirse en ladrones de identidad. Esta es una posibilidad aún mayor, si usted ya no se habla con esa persona.

Conozco a dos personas que han sufrido robo de identidad por medio de sus compañeros de habitación de la Universidad con los que ya no tienen contacto. Entonces, por favor escuche esta sugerencia con sincera precaución.

Fraude en el correo postal o en el Internet y robo de identidad

El Fraude no se restringe simplemente a alguien robando su tarjeta de crédito. Tampoco es posible garantizar una protección completa de fraude en su tarjeta de crédito. Sin embargo, usted puede tomar precauciones y debería hacerlo.

El fraude en el correo postal usualmente sucede por robo de correspondencia. Si un ladrón obtiene su información de su correspondencia, entonces podrá tener acceso a su crédito y a sus cuentas. Nuevamente, es imposible monitorear todas las actividades, pero el seguir unas pocas simples reglas puede reducir las oportunidades.

Revise siempre toda su correspondencia, aún la no deseada. Muchas ofertas de tarjetas de crédito vienen con toda su información impresa, lo cual es una puerta abierta a ladrones de identidad. Triture o queme toda correspondencia no deseada que contenga su información personal.

Yo abro toda mi correspondencia, revise todas las páginas para ver cuáles contienen algo de mi información personal o números de cuenta y las quemo. El resto las arrojo en la caneca de reciclaje.

¿Está en proceso mudanza? Siempre notifique a la oficina postal cuando cambie su dirección. Contacte todos sus acreedores e instituciones financieras y proporcióneles su nueva dirección; preferiblemente por lo menos veinte días antes del próximo extracto de cuenta. Esto es muy importante, aún si usted recibe todos sus extractos electrónicamente.

Note que si usted no recibe la cuenta, se espera aún que usted la pague a tiempo. Si el recibo de cuenta llega tarde, o no llega, contacte la compañía y asegúrese de que tengan la dirección correcta y que la cuenta ha sido enviada. Confirme la fecha límite de pago y la cantidad a pagar, en caso de no haber recibido la cuenta.

Adicionalmente, si usted paga las cuentas por correo, no ponga sus pagos en su buzón o en un lugar inseguro, tal como el lobby de un hotel o de un edificio. Deposítelos siempre en la oficina postal o en un buzón seguro.

El fraude en línea consiste en ladrones que obtienen y usan la información de su tarjeta de crédito en el internet. Ya sea que usted use su banco o haga sus compras vía internet es irrelevante el que usted se pueda convertir o no en una victima de fraude en línea.

No crea que porque usted no se complace en la conveniencia de los servicios en línea, otros no lo harán. De hecho, siempre espere lo contrario. El internet es el lugar preferido para usar su información de crédito ya que no se requiere de documentos de identificación o firmas para hacer compras en línea.

La suplantación de identidad es un método que se está volviendo muy común, en el cual se obtiene su información personal a través de correspondencia electrónica.

Los correos electrónicos más usados en este tipo de robo son aquellos que imitan o se parecen a los mensajes enviados por las instituciones financieras. ¡Note que estos mensajes son muy engañosos! Usualmente contienen los logotipos de los bancos, imagines y direcciones de correo que usted esperaría ver en las comunicaciones de las instituciones legítimas.

El abrir estos mensajes no lo expone necesariamente al robo de identidad inmediato, sin embargo, el responder a esos mensajes posiblemente lo hará. Así que si usted puede identificar que es un mensaje falso antes de abrirlo, ni siquiera lo abra.

De lo contrario, si usted abre el mensaje y lo responde, usted será llevado a la página web del estafador y le pedirán que de sus datos. Dichos datos pueden ser: su número de cuenta(s), contraseñas, e información personal.

NO PROVEA NINGUNA INFORMACIÓN!

Una vez que ellos tienen su información, ellos pueden literalmente desocupar sus cuentas bancarias y mover su dinero a las cuentas de ellos. No se debe jugar con estos mensajes o tomarlos a la ligera.

En vez de eso, ciérrelos inmediatamente (pero no los borre). Después, contacte a la institución que ellos están suplantando. Llame o vaya directamente a la pagina web y pregunte a dónde puede re enviarles los correos falsos.

Después, envíe el correo engañoso a la institución para que ellos investiguen. Ahora, una vez usted haya enviado el correo a la división de seguridad de la institución para ser investigado; marque ese correo como basura o spam y bórrelo.

Actualmente, la mejor forma de identificar un mensaje legítimo de su institución financiera es que ellos nunca le piden su información personal. Tampoco lo van a contactar vía telefónica para pedirle su información o información alguna, ni siquiera su numero de tarjeta de crédito o numero de cuenta.

> *Si usted recibe mensajes al correo electrónico que suplantan identidad o llamadas telefónicas raras, no de su información. Si tiene alguna pregunta, contacte directamente a la entidad financiera para hablar de sus dudas.*

El robo y fraude a las tarjetas de crédito

El robo y fraude a las tarjetas de crédito requieren del uso físico de la tarjeta de crédito. Los lugares donde su tarjeta puede ser robada o estafada incluyen, todo lugar donde usted use su tarjeta y haya un empleado deshonesto que pueda tener acceso a ella o, en algún terminal de tarjeta de crédito que tenga instalado algún dispositivo de ajuste o de contacto.

El robo y el fraude a las tarjetas de crédito requieren de un dispositivo que lee el numero de cuenta y la información de la tarjeta de crédito. Hay dos tipos de dispositivos para robo de las tarjetas de crédito. Los dispositivos de contacto leen la banda magnética, mientras que los dispositivos de ajuste extraen la información de las nuevas tarjetas de crédito que tiene chip instalado.

Los dispositivos de contacto pueden ser mas fáciles de identificar porque el lector de tarjeta puede parecer como si hubiese manipulado y modificado, en cambio los dispositivos de ajuste son mucho mas difíciles de detectar. El principal indicador de una dispositivo de la presencia de un dispositivo de ajuste, es que se siente resistencia al insertar la tarjeta de crédito en el terminal lector del chip.

Sea cauteloso y este dispuesto a rehusar a hacer la transacción, si usted ve algo sospechoso. Adicionalmente, absténgase de usar su numero de PIN en lo que sea posible.

Una vez que la tarjeta de crédito ha sido pasada por algún dispositivo de robo y fraude, la información puede ser usada para hacer compras por el teléfono o por internet. Su información también pude ser vendida para crear copias falsas de su tarjeta de crédito.

En el caso de tarjetas falsas, su tarjeta de crédito seguirá funcionando y usted sospechara de nada. Sin embargo, cunado usted revise el extracto de su cuenta usted descubrirá cargos que usted no ha autorizado y son fraudulentos.

A menudo, en el momento en que usted se da cuenta de esos cargos dudosos, la tarjeta de crédito falsa ya habrá sido reemplazada por otra nueva. Aun así, usted debe reporte la actividad fraudulenta de inmediato y pedir a su entidad una tarjeta de crédito nueva con numero nuevo.

Cargos no autorizados

Si usted ha perdido su tarjeta de crédito o ha sido robada, la presto y no se la devolvieron, etc., contacte a su acreedor inmediatamente y repórtela como perdida. La mayoría de las compañías tienen líneas de servicio al cliente que siempre están abiertas para reporte perdida o robo de tarjetas de crédito. Entre mas rápido actué, menos oportunidad para que se hagan cargos no autorizados a su cuenta.

Tan pronto usted descubra cualquier cargo no autorizado, debe reportarlo a la entidad crediticia. Es irrelevante si usted todavía tiene posesión de la tarjeta o si las compras fueron hechas en línea, lo único que importa es que usted no autorizo esa(s) compra(s).

Lo primero que debe hacer es, contactar inmediatamente a la compañía de la tarjeta de crédito. Tome notas de la llamada telefónica, incluya: la fecha, con quien hablo, el cargo(s) o actividad cuestionable, la acción requerida a tomar y, la conclusión de la llamada.

Hable de sus responsabilidades financieras con el acreedor. En muchos casos, usted podrá tener cero responsabilidad por el cargo(s). En otros, usted puede resultar siendo responsable hasta por $50 (este es el limite actual por tarjeta según la ley federal). Siempre pregunte acerca de los detalles específicos del tipo de cuenta de su tarjeta de crédito.

A menos que el acreedor provea este servicio, después de la llamada telefónica, haga una carta al acreedor reportando la actividad fraudulenta. Incluya fotocopia de su extracto de cuenta, resaltando el cargo(s) no autorizado(s). Conserve una copia de su correspondencia para sus records personales.

Si tiene la opción, active alertas con sus acreedores. La mayoría de las compañías de tarjetas de crédito lo contactaran a usted tan pronto detecten un cargo sospechoso. Si usted recibe una alerta, responda lo mas pronto posible para prevenir que mas cargos ocurran.

Estas alertas son de gran valor y son altamente recomendadas.

Si usted es victima de robo de identidad, usted tiene derecho a una copia gratis de su reporte de crédito conforme a la ley de Informes Justos de Crédito. Adicionalmente, usted también podrá poner una alerta de fraude en su reporte de crédito. Hable de esta opción con su agencia crediticia, si este es el camino que decide tomar.

También, contacte a su Estado para informarse de posibles leyes de reporte de crédito que le provean beneficios adicionales. Para encontrar esta información, comience preguntando a las agencias gubernamentales en su área.

Aunque esta es mucho para asimilar, espero que traiga conciencia y validez a la importancia de monitorear y proteger su crédito.

Al tomar en consideración todo lo que ha leído, ojala, usted desarrolle el habito de revisar sus extractos frecuentemente y, de revisar su reporte de crédito por completo, al menos una vez al año.

RESUMEN:
Amenazas al Crédito

Sepa que es imposible garantizar que usted nunca será victima de fraude crediticio, pero este atento y sea cauteloso. Proteja su crédito con estos hábitos:

» No preste su tarjeta de crédito o la información de su cuenta

» Siempre confirme que su tarjeta es le es devuelta después de toda transacción publica

» Monitoree frecuentemente su estado de cuenta

» Reporte inmediatamente a su acreedor todo cargo no autorizado, o actividad sospechosa

» No provea información personal o de sus cuentas, en mensajes de correo electrónico o llamadas telefónicas que no han sido iniciadas por usted

» Este atento a su entorno, y a individuos sospechosos; nunca deje su bolso o billetera sin supervisión

» Active alertas con las compañías de sus tarjetas de crédito

» Use paginas web seguras y confiables para sus compras en internet

Conclusión

¡Ahora que usted ha arreglado su crédito y está encaminado a pagar sus cuentas, es hora para darle felicitaciones!

Este proceso es una recompensa una vez completado. A través de este experimento usted ha debido aprender cómo:

» Hacer su presupuesto mejor

» Revisar y entender sur informe de crédito

» Comunicarse abiertamente con los acreedores

» Organizar sus planes de pagos estructurados

» Refrénese de hacer compras innecesarias que puedan destruir su presupuesto y bajar su puntaje de crédito

» Mantener un puntaje de crédito sano

» Estar alerta y tener cuidado con posibles amenazas al crédito

Si usted elige emplear un servicio para ayudarle a reparar su crédito o eliminar su deuda, investíguelos cuidadosamente primero.

Para una recapitulación rápida, lo que sigue es una lista de puntos importantes cubiertos en el libro que lo va a mantener enfocado. ¡Habiendo trabajado tan fuertemente para reparar su crédito, usted no desea que se le arruine otra vez!

Revise sus cuentas y alégrese de sus balances bajos (o ningún balance); compruebe siempre sus reportes de crédito algunas veces al año.

La revisiones anuales de cada compañía de crédito deben ser suficientes, a menos que usted tenga razón de sospechar fraude.

Compruebe cada cuenta con minuciosidad y confirme que sus acreedores han estado apuntando sus pagos exactamente. Si usted ha cerrado cualquier cuenta, cerciórese de que el estado esté reflejado en su archivo del crédito y que indique que la cuenta fue cerrada por el consumidor.

Tenga cuidado al consolidar su deuda. Confirme todos los detalles de la transacción por escrito y nunca falte de hacer un pago.

Continúe haciendo mejor decisiones de compras y hago pagos oportunos. Resista de abrir demasiadas líneas de crédito.

No preste su tarjeta(s) de crédtio o información de su cuenta; tampoco la proporcione a correos electrónicos fraudulentos o vendedores por teléfono.

Goce de la flexibilidad y de la libertad que usted tiene con más disponibilidad de crédito y puntaje más alto de crédito, pero no abuse de ello.

Nunca se olvide de cuán costoso y desafiador puede ser reconstruir su crédito.

¡Y, más importante, dése un abrazo por haber fijado una meta, de trabajar fuertemente y haberla alcanzado!

Deseándole todo lo mejor en su éxito financiero,

Kendyl

RECONOCIMIENTO

Las gracias especiales y mi aprecio sincero van para Helen y Linda. Dos individuos importantes que no solo me apoyan en mis esfuerzos y creen verdaderamente en mi cruzada para ayudar a otros, pero también revisan mis escritos y proporcionan constantemente conocimiento valorable, comentarios y sugerencias valiosos. ¡Y hacen siempre muchas preguntas!

Adicionalmente, muchas gracias a Frimi Alalu y a Francy Nino por traducir esta guía al Español para los lectores hispanos en los Estados Unidos que desean mejorar su crédito.

Acerca del autor

Kendyl Jameson escribe acerca de sus experiencias y de lo que ha aprendido de ellas. Ella espera que al compartirlas con otros, pueda empoderar a sus lectores para que vivan su mejor vida.

Adicionalmente a *DIY Reparación de Crédito: Guía del principiante para la reparación del crédito*, ella esta escribiendo otra guía referente al crédito y dinero. Busque esta adición en 2021.

Estas guías especiales son escritas con la intención de ayudar a otros a construir, arreglar y mantener un puntaje de crédito saludable, mientras se aprende a entender el concepto de manejar las finanzas personales.

Su trabajo actual incluye *The Pirates of My Soul: A Transformational Voyage to Self-Empowerment*. Este libro resume sus relaciones, en el que comparte observaciones personales y análisis con lectores. Su historia es reveladora y empoderadora al tiempo que toca temas con los cuales la mayoría de las personas se pueden relacionar. Busque este libro en Amazon.com.

Facebook.com/KendylJameson
KendylJameson.com
@KendylJameson

www.ingramcontent.com/pod-product-compliance
Lightning Source LLC
Chambersburg PA
CBHW071630040426
42452CB00009B/1565